Poemas Selecionados
Selected Poems

EMILY DICKINSON

Poemas Selecionados
Selected Poems

Tradução
Maíra Meyer

Principis

Esta é uma publicação Principis, selo exclusivo da Ciranda Cultural.
© 2025 Ciranda Cultural Editora e Distribuidora Ltda.

Traduzido do original em inglês
Selected Poems of Emily Dickinson

Texto
Emily Dickinson

Editora
Michele de Souza Barbosa

Tradução
Maíra Meyer

Revisão
Fernanda R. Braga Simon

Produção editorial
Ciranda Cultural

Diagramação
Linea Editora

Design de capa
Ana Dobón

Imagens
saadjee25/shutterstock.com

Dados Internacionais de Catalogação na Publicação (CIP) de acordo com ISBD

D553s	Dickinson, Emily
	Selected poems - Poemas selecionados / Emily Dickinson. – Jandira, SP : Principis, 2025.
	96 p. ; 15,5cm x 22,6cm.
	ISBN: 978-65-5097-218-9
	1. Literatura Americana. 2. Poesia. 3. Amor. 4. Sentimentos. 5. Vida. I. Título.
2025-1834	CDD 811 CDU 821.111(73)-1

Elaborado por Vagner Rodolfo da Silva - CRB-8/9410

Índice para catálogo sistemático:
1. Literatura Americana : Poesia 811
2. Literatura Americana : Poesia 821.111(73)-1

1ª edição em 2025
www.cirandacultural.com.br
Todos os direitos reservados.
Nenhuma parte desta publicação pode ser reproduzida, arquivada em sistema de busca ou transmitida por qualquer meio, seja ele eletrônico, fotocópia, gravação ou outros, sem prévia autorização do detentor dos direitos, e não pode circular encadernada ou encapada de maneira distinta daquela em que foi publicada, ou sem que as mesmas condições sejam impostas aos compradores subsequentes.

It's all I have to bring to-day,
This, and my heart beside,
This, and my heart, and all the fields,
And all the meadows wide.
Be sure you count, should I forget, –
Some one the sum could tell, –
This, and my heart, and all the bees
Which in the clover dwell.

Eternity
in verses

Diving into the poems of Emily Dickinson is to enter a universe of intensity, introspection, and unparalleled beauty. With a unique sensitivity, she captured the mysteries of life, love, death, and immortality in short verses of profound depth that resonate through time.

Her words, often wrapped in enigmas, invite us to contemplate the vastness of the human soul and the transience of existence. This selection of poems showcases the best of her work, revealing the richness of her imagination and the power of her reflections.

Dickinson wrote with overwhelming honesty, transforming complex emotions into unforgettable poetic imagery. Prepare to be transported by her singular voice, which continues to enlighten and inspire readers around the world.

The editors

A Eternidade
em versos

Mergulhar nos poemas de Emily Dickinson é adentrar um universo de intensidade, introspecção e beleza inigualáveis. Com uma sensibilidade única, ela capturou os mistérios da vida, do amor, da morte e da imortalidade em versos curtos, mas de uma profundidade que ressoa através dos tempos.

Suas palavras, frequentemente envoltas em enigmas, nos convidam a contemplar a vastidão da alma humana e a efemeridade da existência. Esta seleção de poemas apresenta o melhor de sua produção, revelando a riqueza de sua imaginação e a força de suas reflexões.

Dickinson escreveu com uma honestidade arrebatadora, transformando sentimentos complexos em imagens poéticas inesquecíveis. Prepare-se para ser transportado por sua voz singular, que continua a iluminar e a inspirar leitores em todo o mundo.

Os editores

Preface

The verses of Emily Dickinson belong emphatically to what Emerson long since called "the Poetry of the Portfolio,"–something produced absolutely without the thought of publication, and solely by way of expression of the writer's own mind. Such verse must inevitably forfeit whatever advantage lies in the discipline of public criticism and the enforced conformity to accepted ways. On the other hand, it may often gain something through the habit of freedom and the unconventional utterance of daring thoughts. In the case of the present author, there was absolutely no choice in the matter; she must write thus, or not at all. A recluse by temperament and habit, literally spending years without setting her foot beyond the doorstep, and many more years during which her walks were strictly limited to her father's grounds, she habitually concealed her mind, like her person, from all but a very few friends; and it was with great difficulty that she was persuaded to print, during her lifetime, three or four poems. Yet she wrote verses in great abundance; and though brought curiously indifferent to all conventional rules, had yet a rigorous literary standard of her own, and often altered a word many times to suit an ear which had its own tenacious fastidiousness.

Miss Dickinson was born in Amherst, Mass., Dec. 10, 1830, and died there May 15, 1886. Her father, Hon. Edward Dickinson, was the leading lawyer of Amherst, and was treasurer of the well-known college there situated. It was his custom once a year to hold a large reception at his house, attended by all the families connected with the institution and by the leading people of the town. On these occasions his daughter Emily emerged from her wonted retirement and did her part as gracious hostess; nor would any one have known from her manner, I have been told, that this was not a daily occurrence. The annual occasion once past, she withdrew again into her seclusion, and except for a very few friends was as invisible to the world as if she had dwelt in a nunnery. For myself, although I had corresponded with her for many years, I saw her but twice face to face, and brought away the impression of something as unique and remote as Undine or Mignon or Thekla.

This selection from her poems is published to meet the desire of her personal friends, and especially of her surviving sister. It is believed that the thoughtful reader will find in these pages a quality more suggestive of the poetry of William Blake than of anything to be elsewhere found,–flashes of wholly original and profound insight into nature and life; words and phrases exhibiting an extraordinary vividness of descriptive and imaginative power, yet often set in a seemingly whimsical or even rugged frame. They are here published as they were written, with very few and superficial changes; although it is fair to say that the titles have been assigned, almost invariably, by the editors. In many cases these verses will seem to the reader like poetry torn up by the roots, with rain and dew and earth still clinging to them, giving a freshness and a fragrance not otherwise to be conveyed. In other cases, as in the few poems of shipwreck or of mental conflict, we can only wonder at the gift of vivid imagination by which this recluse woman can delineate, by a few touches, the very crises of physical or mental struggle. And sometimes again we catch glimpses of a lyric strain, sustained perhaps but for a line or two at a time, and making the reader regret its sudden cessation. But the main quality of these poems is that of extraordinary grasp and insight, uttered with an uneven vigor sometimes exasperating, seemingly wayward, but really unsought and inevitable. After all, when a thought takes one's breath away, a lesson on grammar seems an impertinence. As Ruskin wrote in his earlier and better days, "No weight nor mass nor beauty of execution can outweigh one grain or fragment of thought."

--Thomas Wentworth Higginson

This is my letter to the world,
 That never wrote to me, –
The simple news that Nature told,
 With tender majesty.

Her message is committed
 To hands I cannot see;
For love of her, sweet countrymen,
 Judge tenderly of me!

Prefácio

Os versos de Emily Dickinson pertencem enfaticamente ao que Emerson chamou há muito tempo de "a Poesia do Portfólio" – algo produzido sem a intenção de publicação, apenas como uma forma de expressão da mente da autora. Tal poesia inevitavelmente perde as vantagens da disciplina da crítica pública e da conformidade forçada aos modos aceitos. Por outro lado, pode muitas vezes ganhar algo através do hábito da liberdade e da expressão não convencional de pensamentos ousados. No caso da autora em questão, não havia escolha: ela deveria escrever dessa maneira ou não escrever de forma alguma. Reclusa por temperamento e hábito, literalmente passando anos sem colocar os pés fora de casa, e muitos outros anos em que suas caminhadas eram estritamente limitadas aos terrenos de seu pai, ela habitualmente ocultava sua mente, assim como sua pessoa, de todos, exceto de pouquíssimos amigos. Foi com grande dificuldade que ela foi persuadida a publicar, durante sua vida, três ou quatro poemas. No entanto, escreveu versos em grande abundância; e, embora fosse curiosamente indiferente a todas as regras convencionais, tinha um rigoroso padrão literário próprio, frequentemente alterando uma palavra muitas vezes para adequá-la ao ouvido exigente e refinado que possuía.

A senhorita Dickinson nasceu em Amherst, Massachusetts, em 10 de dezembro de 1830 e faleceu lá em 15 de maio de 1886. Seu pai, o honorável Edward Dickinson, era o advogado mais proeminente de Amherst e tesoureiro do conhecido colégio situado na cidade. Anualmente, ele realizava uma grande recepção em sua casa, com a presença de todas as famílias ligadas à instituição e das principais personalidades da cidade. Nessas ocasiões, sua filha Emily emergia de seu habitual isolamento e desempenhava seu papel como graciosa anfitriã; ninguém poderia imaginar, me disseram, que isso não era um evento cotidiano para ela. Passada a ocasião anual, ela se retirava novamente ao seu isolamento e, exceto por pouquíssimos amigos, era tão invisível para o mundo quanto se vivesse em um convento. Por mim, embora tenha correspondido com ela por muitos anos, a vi apenas duas vezes frente a frente e levei comigo a impressão de algo tão único e remoto quanto Undine, Mignon ou Thekla.

Esta seleção de seus poemas é publicada para atender ao desejo de seus amigos pessoais, especialmente de sua irmã sobrevivente. Acredita-se que o leitor reflexivo encontrará nestas páginas uma qualidade mais sugestiva da poesia de William Blake do que de qualquer outra coisa – lampejos de percepção totalmente original e profunda sobre a natureza e a vida; palavras e frases que exibem uma extraordinária vivacidade de poder descritivo e imaginativo, muitas vezes apresentadas em uma moldura aparentemente caprichosa ou até mesmo áspera.

Os poemas são publicados aqui como foram escritos, com pouquíssimas e superficiais alterações, embora seja justo dizer que os títulos foram atribuídos, quase invariavelmente, pelos editores. Em muitos casos, esses versos parecerão ao leitor como poesia arrancada pela raiz, com chuva, orvalho e terra ainda aderidos, conferindo-lhes uma frescura e fragrância que de outra forma não poderiam ser transmitidas. Em outros casos, como nos poucos poemas sobre naufrágios ou conflitos mentais, só podemos nos maravilhar com o dom da imaginação vívida pelo qual essa mulher reclusa consegue delinear, com alguns toques, as crises de luta física ou mental. E às vezes, novamente, captamos vislumbres de um tom lírico, sustentado talvez por uma ou duas linhas, deixando o leitor lamentar sua súbita cessação.

Mas a qualidade principal destes poemas é a de uma percepção e compreensão extraordinárias, expressas com uma intensidade irregular que às vezes exaspera, aparentemente caprichosa, mas na verdade espontânea e inevitável. Afinal, quando um pensamento nos tira o fôlego, uma lição de gramática parece uma impertinência. Como Ruskin escreveu em seus primeiros e melhores dias: "Nenhum peso, massa ou beleza de execução pode superar um grão ou fragmento de pensamento".

– Thomas Wentworth Higginson

Esta é minha carta ao mundo,
   Que nunca escreveu para mim –
As simples notícias que a Natureza contou,
   Com terna majestade.

Sua mensagem está confiada
   A mãos que não posso ver;
Por amor a ela, doces compatriotas,
   Julguem-me com ternura!

Selected poems

\# 01 The Soul Selects Her Own Society – 00:00:59

The soul selects her own society,
Then shuts the door;
On her divine majority
Obtrude no more.

Unmoved, she notes the chariot's pausing
At her low gate;
Unmoved, an emperor is kneeling
Upon her mat.

I've known her from an ample nation
Choose one;
Then close the valves of her attention
Like stone.

Poemas selecionados

A alma escolhe sua própria sociedade,
E então fecha a porta;
À sua divina maioria
Não se pode mais impor.

Imóvel, ela observa a carruagem parar
Em seu humilde portão;
Imóvel, um imperador ajoelha-se
Sobre seu tapete.

Eu a vi, de uma vasta nação,
Escolher apenas um;
E então fechar as válvulas de sua atenção
Como uma pedra.

Selected poems

Our share of night to bear,
Our share of morning,
Our blank in bliss to fill,
Our blank in scorning.

Here a star, and there a star,
Some lose their way.
Here a mist, and there a mist,
Afterwards – day!

Poemas selecionados

Nossa parte da noite a suportar,
Nossa parte da manhã,
Nosso vazio em júbilo a preencher,
Nosso vazio em desprezo.

Aqui uma estrela, ali outra estrela,
Alguns perdem o caminho.
Aqui uma névoa, ali outra névoa,
Depois – o dia!

Selected poems

02 After
Great Pain –
00:01:02

After great pain, a formal feeling comes –
The Nerves sit ceremonious, like Tombs –
The stiff Heart questions 'was it He, that bore,'
And 'Yesterday, or Centuries before'?

The Feet, mechanical, go round –
A Wooden way
Of Ground, or Air, or Ought –
Regardless grown,
A Quartz contentment, like a stone –

This is the Hour of Lead –
Remembered, if outlived,
As Freezing persons, recollect the Snow –
First – Chill – then Stupor – then the letting go.

Poemas selecionados

Após grande dor, vem um sentimento formal –
Os Nervos sentam-se cerimoniosos, como Túmulos –
O rígido Coração pergunta: 'foi Ele quem suportou',
'Ontem, ou Séculos atrás?'.

Os Pés, mecânicos, giram –
Como uma Roda de Madeira
Sobre Chão, ou Ar, ou Qualquer Coisa –
Indiferentes, agora,
Um contentamento de Quartzo, como uma pedra –

Esta é a Hora de Chumbo
Lembrada, se sobrevivente,
Como as Pessoas que Congelam recordam a Neve.
Primeiro, Frio; depois, Torpor; por fim, deixar-se ir.

Selected poems

Our share of night to bear,
Our share of morning,
Our blank in bliss to fill,
Our blank in scorning.

Here a star, and there a star,
Some lose their way.
Here a mist, and there a mist,
Afterwards – day!

Poemas selecionados

Nossa parte da noite a suportar,
Nossa parte da manhã,
Nosso vazio em júbilo a preencher,
Nosso vazio em desprezo.

Aqui uma estrela, ali outra estrela,
Alguns perdem o caminho.
Aqui uma névoa, ali outra névoa,
Depois, o dia!

Selected poems

\# 03 Hope is the thing with feathers – 00:00:50

Hope is the thing with feathers
That perches in the soul,
And sings the tune without the words,
And never stops at all,

And sweetest in the gale is heard;
And sore must be the storm
That could abash the little bird
That kept so many warm.

I 've heard it in the chillest land,
And on the strangest sea;
Yet, never, in extremity,
It asked a crumb of me.

Poemas selecionados

A esperança é uma coisa com penas
Que pousa na alma
E canta a melodia sem palavras,
E nunca para, de forma alguma.

E é mais doce na ventania;
E terrível deve ser a tempestade
Que poderia calar o pequeno pássaro
Que aqueceu tantos corações.

Eu o ouvi na terra mais fria
E no mar mais estranho;
Mas nunca, em extrema necessidade,
Ele pediu uma migalha de mim.

Selected poems

Soul, wilt thou toss again?
By just such a hazard
Hundreds have lost, indeed,
But tens have won an all.

Angels' breathless ballot
Lingers to record thee;
Imps in eager caucus
Raffle for my soul.

Poemas selecionados

Alma, quererás jogar de novo?
Por um risco assim,
Centenas perderam, de fato,
Mas dezenas ganharam tudo.

O voto sem fôlego dos anjos
Paira para te registrar;
Demônios em ávido congresso
Sorteiam minha alma.

Selected poems

\# 04 I Never Hear the Word Escape – 00:00:35

I never hear the word "escape"
Without a quicker blood,
A sudden expectation,
A flying attitude.

I never hear of prisons broad
By soldiers battered down,
But I tug childish at my bars, –
Only to fail again!

Poemas selecionados

Nunca ouço a palavra "fuga"
Sem que o sangue corra mais rápido,
Uma súbita expectativa,
Uma atitude de voo.

Nunca ouço falar de prisões vastas
Derrubadas por soldados,
Sem puxar infantilmente minhas grades –
Apenas para falhar novamente!

Selected poems

Glee! The great storm is over!
Four have recovered the land;
Forty gone down together
Into the boiling sand.

Ring, for the scant salvation!
Toll, for the bonnie souls, –
Neighbor and friend and bridegroom,
Spinning upon the shoals!

How they will tell the shipwreck
When winter shakes the door,
Till the children ask, "But the forty?
Did they come back no more?"

Then a silence suffuses the story,
And a softness the teller's eye;
And the children no further question,
And only the waves reply.

Poemas selecionados

Alegria! A grande tempestade acabou!
Quatro recuperaram a terra;
Quarenta afundaram juntos
Na areia fervente.

Toquem pela escassa salvação!
Dobrem os sinos pelas belas almas –
Vizinhos, amigos e noivo,
Girando nos baixios!

Como contarão o naufrágio
Quando o inverno bater à porta,
Até que as crianças perguntem: "E os quarenta?
Eles nunca mais voltaram?"

Então um silêncio envolve a história,
E uma ternura no olhar do narrador;
E as crianças não perguntam mais,
E apenas as ondas respondem.

Selected poems

05 There is No Frigate Like a Book – 00:00:37

There is no frigate like a book
To take us lands away,
Nor any coursers like a page
Of prancing poetry.

This traverse may the poorest take
Without oppress of toll;
How frugal is the chariot
That bears a human soul!

Poemas selecionados

Não há fragata como um livro
Para nos levar a terras distantes,
Nem corcéis como uma página
De poesia galopante.

Essa travessia pode o mais pobre fazer
Sem sofrer pedágio algum;
Quão frugal é o carro
Que carrega uma alma humana!

Selected poems

Within my reach!
I could have touched!
I might have chanced that way!
Soft sauntered through the village,
Sauntered as soft away!

So unsuspected violets
Within the fields lie low,
Too late for striving fingers
That passed, an hour ago.

Poemas selecionados

Ao meu alcance!
Eu poderia ter tocado!
Eu poderia ter passado por ali!
Caminhando suavemente pela vila,
Caminhei suavemente para longe!

Assim como violetas inesperadas
Se escondem baixas nos campos,
Tarde demais para os dedos esforçados
Que passaram, uma hora atrás.

Selected poems

06 Because I Could Not Stop for Death – 00:01:13

Because I could not stop for Death,
He kindly stopped for me;
The carriage held but just ourselves
And Immortality.

We slowly drove, he knew no haste,
And I had put away
My labor, and my leisure too,
For his civility.

We passed the school where children played,
Their lessons scarcely done;
We passed the fields of gazing grain,
We passed the setting sun.

We paused before a house that seemed
A swelling of the ground;
The roof was scarcely visible,
The cornice but a mound.

Since then 't is centuries; but each
Feels shorter than the day
I first surmised the horses' heads
Were toward eternity.

Poemas selecionados

Porque eu não pude parar para a Morte,
Ela gentilmente parou por mim;
A carruagem continha apenas nós dois
E a Imortalidade.

Dirigíamos devagar, sem pressa,
E eu havia deixado de lado
Meu trabalho e também meu lazer,
Por sua cortesia.

Passamos pela escola onde crianças brincavam,
Mal haviam terminado suas lições;
Passamos pelos campos de grãos a nos observar,
Passamos pelo sol poente.

Pausamos diante de uma casa que parecia
Um inchaço do chão;
O telhado mal era visível,
A cornija apenas um montículo.

Desde então, passaram-se séculos; mas cada um
Parece mais curto do que o dia
Em que percebi que as cabeças dos cavalos
Apontavam para a eternidade.

Selected poems

Some things that fly there be, –
Birds, hours, the bumble-bee:
Of these no elegy.

Some things that stay there be, –
Grief, hills, eternity:
Nor this behooveth me.

There are, that resting, rise.
Can I expound the skies?
How still the riddle lies!

Poemas selecionados

Algumas coisas que voam existem –
Pássaros, horas, o zangão:
Para estas, nenhuma elegia.

Algumas coisas que permanecem existem –
A dor, as colinas, a eternidade:
Nem isso me convém.

Há aquelas que, ao descansar, se erguem.
Posso eu desvendar os céus?
Quão quieto o enigma permanece!

Selected poems

07 Of All
The Sounds
Dispatched
Abroad –
00:01:13

Of all the sounds despatched abroad,
There's not a charge to me
Like that old measure in the boughs,
That phraseless melody

The wind does, working like a hand
Whose fingers brush the sky,
Then quiver down, with tufts of tune
Permitted gods and me.

When winds go round and round in bands,
And thrum upon the door,
And birds take places overhead,
To bear them orchestra,

Poemas selecionados

I crave him grace, of summer boughs,
If such an outcast be,
He never heard that fleshless chant
Rise solemn in the tree,

As if some caravan of sound
On deserts, in the sky,
Had broken rank,
Then knit, and passed
In seamless company.

Selected poems

De todos os sons enviados ao mundo,
Não há para mim carga como aquela
Velha melodia entre os galhos,
Aquela melodia sem palavras.

O vento a cria, trabalhando como uma mão
Cujo dedos tocam o céu,
Depois tremulam, com tufos de melodia
Permitidos aos deuses e a mim.

Quando os ventos giram em círculos,
E tamborilam na porta,
E os pássaros tomam seus lugares no alto,
Para formar uma orquestra,

Poemas selecionados

Eu rogo graça aos galhos de verão,
Se existir tal excluído,
Que nunca tenha ouvido esse cântico sem carne
Surgir solene na árvore,

Como se alguma caravana de som,
Nos desertos, no céu,
Tivesse rompido suas fileiras,
Depois se unido e passado
Em uma companhia sem costura.

Selected poems

08 Success is Counted Sweetest – 00:00:42

Success is counted sweetest
By those who ne'er succeed.
To comprehend a nectar
Requires sorest need.

Not one of all the purple host
Who took the flag to-day
Can tell the definition,
So clear, of victory,

As he, defeated, dying,
On whose forbidden ear
The distant strains of triumph
Break, agonized and clear!

Poemas selecionados

O sucesso é mais doce
Para aqueles que nunca o alcançam.
Compreender um néctar
Exige a mais amarga necessidade.

Nenhum dos exércitos púrpura
Que hoje ergueram a bandeira
Pode definir, com tanta clareza,
A vitória

Como aquele que, derrotado e morrendo,
Em cujo ouvido proibido
Os sons distantes do triunfo
Rompem, claros e dolorosos!

Selected poems

09 If I Can Stop One Heart From Breaking – 00:00:34

If I can stop one heart from breaking,
I shall not live in vain;
If I can ease one life the aching,
Or cool one pain,
Or help one fainting robin
Unto his nest again,
I shall not live in vain.

Poemas selecionados

Se eu puder impedir que um coração se parta,
Não terei vivido em vão;
Se eu puder aliviar a dor de uma vida,
Ou acalmar um sofrimento,
Ou ajudar um rouxinol cansado
A voltar ao seu ninho,
Não terei vivido em vão.

Selected poems

\# 10 To
Fight Aloud –
00:00:46

To fight aloud is very brave,
But gallanter, I know,
Who charge within the bosom,
The cavalry of woe.

Who win, and nations do not see,
Who fall, and none observe,
Whose dying eyes no country
Regards with patriot love.

We trust, in plumed procession,
For such the angels go,
Rank after rank, with even feet
And uniforms of snow.

Poemas selecionados

Lutar em voz alta é muito corajoso,
Mas mais galante, eu sei,
É quem enfrenta no próprio peito
A cavalaria da dor.

Quem vence, sem que as nações vejam,
Quem cai, sem que ninguém observe,
Cujo olhar moribundo nenhum país
Contempla com amor patriótico.

Confiamos, em pluma e procissão,
Que tais sejam os anjos,
Fileira após fileira, com passos firmes
E uniformes de neve.

Selected poems

11 Pain Has an Element of Blank – 00:00:36

Pain has an element of blank;
It cannot recollect
When it began, or if there were
A day when it was not.

It has no future but itself,
Its infinite realms contain
Its past, enlightened to perceive
New periods of pain.

Poemas selecionados

A dor tem um elemento de vazio;
Ela não consegue se lembrar
De quando começou, ou se houve
Um dia em que não existiu.

Ela não tem futuro além de si mesma,
Seus reinos infinitos contêm
Seu passado, iluminado para perceber
Novos períodos de dor.

Selected poems

#12 I Can Wade Grief – 00:00:51

I can wade grief,
Whole pools of it, –
I 'm used to that.
But the least push of joy
Breaks up my feet,
And I tip – drunken.
Let no pebble smile,
'T was the new liquor, –
That was all!

Power is only pain,
Stranded, through discipline,
Till weights will hang.
Give balm to giants,
And they 'll wilt, like men.
Give Himmaleh, –
They 'll carry him!

Poemas selecionados

Eu consigo atravessar a dor,
Piscinas inteiras dela –
Estou acostumada a isso.
Mas o menor toque de alegria
Faz meus pés vacilar,
E eu cambaleio – bêbada.
Que nenhuma pedrinha sorria,
Foi o novo licor –
Só isso!

O poder é apenas dor,
Abandonada, através da disciplina,
Até que os pesos pendam.
Dê bálsamo aos gigantes,
E eles murcharão, como homens.
Dê o Himalaia –
Eles o carregarão!

Selected poems

#13 For Each Ecstatic Instant – 00:00:39

For each ecstatic instant
We must an anguish pay
In keen and quivering ratio
To the ecstasy.

For each beloved hour
Sharp pittances of years,
Bitter contested farthings
And coffers heaped with tears.

Poemas selecionados

Por cada instante extático
Devemos pagar uma angústia
Em proporção aguda e tremulante
Àquele êxtase.

Por cada hora amada,
Poucas e cortantes parcelas de anos,
Amargos centavos disputados
E cofres cheios de lágrimas.

Selected poems

#14 I Meant To Have But Modest Needs – 00:01:29

I meant to have but modest needs,
Such as content, and heaven;
Within my income these could lie,
And life and I keep even.

But since the last included both,
It would suffice my prayer
But just for one to stipulate,
And grace would grant the pair.

And so, upon this wise I prayed, –
Great Spirit, give to me
A heaven not so large as yours,
But large enough for me.

A smile suffused Jehovah's face;
The cherubim withdrew;
Grave saints stole out to look at me,
And showed their dimples, too.

Poemas selecionados

I left the place with all my might, –
My prayer away I threw;
The quiet ages picked it up,
And Judgment twinkled, too,

That one so honest be extant
As take the tale for true
That "Whatsoever you shall ask,
Itself be given you."

But I, grown shrewder, scan the skies
With a suspicious air, –
As children, swindled for the first,
All swindlers be, infer.

Selected poems

Eu pretendia ter apenas necessidades modestas,
Como contentamento e céu;
Dentro da minha renda, isso caberia,
E a vida e eu nos manteríamos equilibradas.

Mas, como o último incluía ambos,
Isso bastaria à minha prece
Se apenas um fosse estipulado,
E a graça concederia o par.

E assim, desta forma, eu orei –
Grande Espírito, dá-me
Um céu não tão grande quanto o teu,
Mas grande o suficiente para mim.

Um sorriso iluminou o rosto de Jeová;
Os querubins se retiraram;
Santos graves saíram para me olhar
E mostraram suas covinhas também.

Poemas selecionados

Saí daquele lugar com toda a minha força –
Joguei minha prece fora;
As eras silenciosas a recolheram,
E o Julgamento também piscou,

Que alguém tão honesto existisse
Para tomar o conto como verdadeiro,
Que "Tudo o que você pedir
Será dado a você."

Mas eu, mais esperta agora, examino os céus
Com um olhar desconfiado –
Como crianças, enganadas pela primeira vez,
Concluem que todos são trapaceiros.

Selected poems

\# 15 A Thought Went Up My Mind – 00:00:48

A thought went up my mind to-day
That I have had before,
But did not finish, – some way back,
I could not fix the year,

Nor where it went, nor why it came
The second time to me,
Nor definitely what it was,
Have I the art to say.

But somewhere in my soul, I know
I 've met the thing before;
It just reminded me – 't was all –
And came my way no more.

Poemas selecionados

Um pensamento subiu à minha mente hoje
Que já tive antes,
Mas não terminei – em algum momento,
Não consigo lembrar o ano.

Nem para onde foi, nem por que veio
Pela segunda vez até mim,
Nem exatamente o que era
Tenho a habilidade de dizer.

Mas, em algum lugar na minha alma, eu sei
Que já encontrei essa coisa antes;
Ela apenas me lembrou – foi tudo –
E não cruzou mais meu caminho.

Selected poems

\# 16 Is Heaven a Physician – 00:00:33

Is Heaven a physician?
They say that He can heal,
But medicine posthumous
Is unavailable.

Is Heaven an exchequer?
They speak of what we owe;
But that negotiation
I 'm not a party to.

Poemas selecionados

O Céu é um médico?
Dizem que Ele pode curar,
Mas remédios póstumos
São inalcançáveis.

O Céu é um tesoureiro?
Falam do que devemos;
Mas dessa negociação
Eu não sou parte.

Selected poems

#17 A Poor Torn Heart – 00:00:58

A poor torn heart, a tattered heart,
That sat it down to rest,
Nor noticed that the ebbing day
Flowed silver to the west,
Nor noticed night did soft descend
Nor constellation burn,
Intent upon the vision
Of latitudes unknown.

The angels, happening that way,
This dusty heart espied;
Tenderly took it up from toil
And carried it to God.
There, – sandals for the barefoot;
There, – gathered from the gales,
Do the blue havens by the hand
Lead the wandering sails.

Poemas selecionados

Um pobre coração rasgado, um coração esfarrapado,
Que se sentou para descansar,
Sem notar que o dia, ao se esvair,
Fluía prateado para o oeste,
Sem notar que a noite suavemente descia,
Nem que constelações brilhavam,
Focado na visão
De latitudes desconhecidas.

Os anjos, passando por ali,
Viram esse coração empoeirado;
Com ternura o tomaram do cansaço
E o levaram a Deus.
Lá – sandálias para os pés descalços;
Lá – colhidas dos ventos,
Os céus azuis, pela mão,
Conduzem as velas errantes.

Selected poems

\# 18 I Should
Have Been
Too Glad –
00:01:21

I should have been too glad, I see,
Too lifted for the scant degree
Of life's penurious round;
My little circuit would have shamed
This new circumference, have blamed
The homelier time behind.

I should have been too saved, I see,
Too rescued; fear too dim to me
That I could spell the prayer
I knew so perfect yesterday, –
That scalding one, "Sabachthani,"
Recited fluent here.

Poemas selecionados

Earth would have been too much, I see,
And heaven not enough for me;
I should have had the joy
Without the fear to justify, –
The palm without the Calvary;
So, Saviour, crucify.

Defeat whets victory, they say;
The reefs in old Gethsemane
Endear the shore beyond.
'T is beggars banquets best define;
'T is thirsting vitalizes wine, –
Faith faints to understand.

Selected poems

Eu teria ficado feliz demais, eu vejo,
Elevada demais para o escasso grau
Do ciclo mesquinho da vida;
Meu pequeno circuito teria envergonhado
Esta nova circunferência, teria censurado
O tempo mais simples de antes.

Eu teria sido salva demais, eu vejo,
Resgatada demais; o medo tão fraco para mim
Que eu não poderia soletrar a oração
Que ontem sabia tão perfeitamente –
Aquela ardente, "Sabachthani",
Recitada fluentemente aqui.

Poemas selecionados

A terra teria sido demais para mim, eu vejo,
E o céu, insuficiente;
Eu teria tido a alegria
Sem o medo para justificar –
A palma sem o Calvário;
Então, Salvador, crucifica-me.

A derrota afia a vitória, dizem;
Os recifes do velho Getsêmani
Tornam a costa além mais querida.
São os banquetes dos mendigos que melhor definem;
É a sede que vitaliza o vinho –
A fé desmaia ao tentar entender.

Selected poems

Mine by the right of the white election!
Mine by the royal seal!
Mine by the sign in the scarlet prison
Bars cannot conceal!

Mine, here in vision and in veto!
Mine, by the grave's repeal
Titled, confirmed, – delirious charter!
Mine, while the ages steal!

Poemas selecionados

Minha, pelo direito da eleição branca!
Minha, pelo selo real!
Minha, pelo sinal na prisão escarlate
Que as grades não podem ocultar!

Minha, aqui, em visão e veto!
Minha, pela revogação do túmulo!
Titulada, confirmada – carta delirante!
Minha, enquanto as eras se esvaem!

Selected poems

19 Each Life Converges –
00:01:01

Each life converges to some centre
Expressed or still;
Exists in every human nature
A goal,

Admitted scarcely to itself, it may be,
Too fair
For credibility's temerity
To dare.

Adored with caution, as a brittle heaven,
To reach
Were hopeless as the rainbow's raiment
To touch,

Poemas selecionados

Yet persevered toward, surer for the distance;
How high
Unto the saints' slow diligence
The sky!

Ungained, it may be, by a life's low venture,
But then,
Eternity enables the endeavoring
Again.

Selected poems

Cada vida converge para algum centro
Expressado ou silencioso;
Existe em toda natureza humana
Um objetivo,

Admitido mal a si mesmo, talvez,
Tão belo
Que a temeridade da credibilidade
Não ousa.

Adorado com cautela, como um céu frágil,
Alcançá-lo
Seria tão impossível quanto tocar
As vestes do arco-íris.

Poemas selecionados

Ainda assim, perseguido, mais certo pela distância;
Quão alto
Para a lenta diligência dos santos
O céu!

Não alcançado, talvez, pela baixa empreitada de uma vida,
Mas então
A eternidade permite o esforço
Novamente.

Selected poems

Love is anterior to life,
Posterior to death,
Initial of creation, and
The exponent of breath.

Poemas selecionados

O amor é anterior à vida,
Posterior à morte,
Início da criação e
O expoente do sopro.

Selected poems

\# 20 My Life
Closed Twice
– 00:00:42

My life closed twice before its close;
It yet remains to see
If Immortality unveil
A third event to me,

So huge, so hopeless to conceive,
As these that twice befell.
Parting is all we know of heaven,
And all we need of hell.

Poemas selecionados

Minha vida se fechou duas vezes antes do fim;
Ainda resta saber
Se a Imortalidade revelará
Um terceiro evento para mim,

Tão imenso, tão desesperador de conceber
Quanto aqueles que duas vezes ocorreram.
A despedida é tudo o que sabemos do céu
E tudo o que precisamos do inferno.

Selected poems

You left me, sweet, two legacies, –
A legacy of love
A Heavenly Father would content,
Had He the offer of;

You left me boundaries of pain
Capacious as the sea,
Between eternity and time,
Your consciousness and me.

Poemas selecionados

Você me deixou, doçura, duas heranças –
Uma herança de amor
Que satisfaria um Pai Celestial,
Se Ele a tivesse recebido;

Você me deixou fronteiras de dor
Tão vastas quanto o mar,
Entre a eternidade e o tempo,
Sua consciência e eu.

Selected poems

21 I Felt a Cleavage in my Mind – 00:00:45

I felt a clearing in my mind
As if my brain had split;
I tried to match it, seam by seam,
But could not make them fit.

The thought behind I strove to join
Unto the thought before,
But sequence ravelled out of reach
Like balls upon a floor.

Poemas selecionados

Senti uma clareira em minha mente
Como se meu cérebro tivesse se partido;
Tentei alinhá-lo, costura por costura,
Mas não consegui fazê-las se encaixar.

O pensamento de trás eu tentei unir
Ao pensamento da frente,
Mas a sequência se desenrolou fora do alcance,
Como bolas caídas no chão.

Selected poems

Doubt me, my dim companion!
Why, God would be content
With but a fraction of the love
Poured thee without a stint.

The whole of me, forever,
What more the woman can, –
Say quick, that I may dower thee
With last delight I own!

It cannot be my spirit,
For that was thine before;
I ceded all of dust I knew, –
What opulence the more

Had I, a humble maiden,
Whose farthest of degree
Was that she might,
Some distant heaven,
Dwell timidly with thee!

Poemas selecionados

Duvide de mim, meu companheiro sombrio!
Ora, Deus estaria contente
Com apenas uma fração do amor
Que te derramei sem limites.

O todo de mim, para sempre,
O que mais uma mulher pode dar –
Diga logo, para que eu te presenteie
Com o último deleite que possuo!

Não pode ser meu espírito,
Pois ele já era teu antes;
Cedi tudo do pó que conheci –
Que opulência mais

Eu tinha, uma humilde donzela,
Cujo mais alto grau
Era que pudesse,
Em algum céu distante,
Habitar timidamente contigo!

Selected poems

22 If Recollecting Were Forgetting – 00:00:38

If recollecting were forgetting,
Then I remember not;
And if forgetting, recollecting,
How near I had forgot!

And if to miss were merry,
And if to mourn were gay,
How very blithe the fingers
That gathered these to-day!

Poemas selecionados

Se relembrar fosse esquecer,
Então eu não me lembro;
E se esquecer fosse relembrar,
Quão perto estive de esquecer!

E se sentir falta fosse alegre,
E se lamentar fosse feliz,
Quão animados os dedos
Que colheram estas hoje!

Selected poems

Far from love the Heavenly Father
Leads the chosen child;
Oftener through realm of briar
Than the meadow mild,

Oftener by the claw of dragon
Than the hand of friend,
Guides the little one predestined
To the native land.

Poemas selecionados

Longe do amor, o Pai Celestial
Conduz a criança escolhida;
Mais frequentemente pelo reino dos espinhos
Do que pelo prado sereno,

Mais frequentemente pela garra do dragão
Do que pela mão de um amigo,
Guia o pequeno predestinado
Para a terra natal.

Selected poems

#23 The
Brain is Wider
Than the Sky
– 00:00:58

The brain is wider than the sky,
For, put them side by side,
The one the other will include
With ease, and you beside.

The brain is deeper than the sea,
For, hold them, blue to blue,
The one the other will absorb,
As sponges, buckets do.

The brain is just the weight of God,
For, lift them, pound for pound,
And they will differ, if they do,
As syllable from sound.

Poemas selecionados

O cérebro é mais vasto que o céu,
Pois, postos lado a lado,
Um incluirá o outro
Com facilidade, e a você também.

O cérebro é mais profundo que o mar,
Pois, segurando-os, azul contra azul,
Um absorverá o outro,
Como esponjas fazem com baldes.

O cérebro tem o peso exato de Deus,
Pois levante-os, libra por libra,
E eles se diferem, se o fazem,
Como a sílaba difere do som.

Selected poems

A long, long sleep, a famous sleep
That makes no show for dawn
By stretch of limb or stir of lid, –
An independent one.

Was ever idleness like this?
Within a hut of stone
To bask the centuries away
Nor once look up for noon?

Poemas selecionados

Um longo, longo sono, um sono famoso
Que não dá sinal de amanhecer
Pelo esticar dos membros ou movimento das pálpebras –
Um sono independente.

Já houve indolência como esta?
Dentro de uma cabana de pedra
A aproveitar os séculos,
Sem uma vez olhar para o meio-dia?

Selected poems

\# 24 Softened by Time's Consummate Plush – 00:00:49

Softened by Time's consummate plush,
How sleek the woe appears
That threatened childhood's citadel
And undermined the years!

Bisected now by bleaker griefs,
We envy the despair
That devastated childhood's realm,
So easy to repair.

Poemas selecionados

Suavizada pelo luxuoso veludo do Tempo,
Quão macia a aflição parece
Que ameaçou o castelo da infância
E minou os anos!

Agora divididos por dores mais sombrias,
Invejamos o desespero
Que devastou o reino da infância,
Tão fácil de reparar.

Selected poems

That I did always love,
I bring thee proof:
That till I loved
I did not love enough.

That I shall love alway,
I offer thee
That love is life,
And life hath immortality.

This, dost thou doubt, sweet?
Then have I
Nothing to show
But Calvary.

Poemas selecionados

Que eu sempre amei,
Trago-te prova:
Que até amar
Eu não amava o suficiente.

Que sempre amarei,
Ofereço-te isso:
Que o amor é vida,
E a vida possui a imortalidade.

Isto, duvidas, doçura?
Então não tenho
Nada a mostrar
Além do Calvário.

Selected poems

\# 25 I Had No
Time to Hate
– 00:00:21

I had no time to hate, because
The grave would hinder me,
And life was not so ample I
Could finish enmity.

Nor had I time to love; but since
Some industry must be,
The little toil of love, I thought,
Was large enough for me.

Poemas selecionados

Eu não tive tempo para odiar, porque
O túmulo me impediria,
E a vida não era tão ampla que
Eu pudesse concluir a inimizade.

Nem tive tempo para amar; mas, já que
Alguma ocupação deve haver,
O pequeno trabalho do amor, pensei,
Era grande o suficiente para mim.